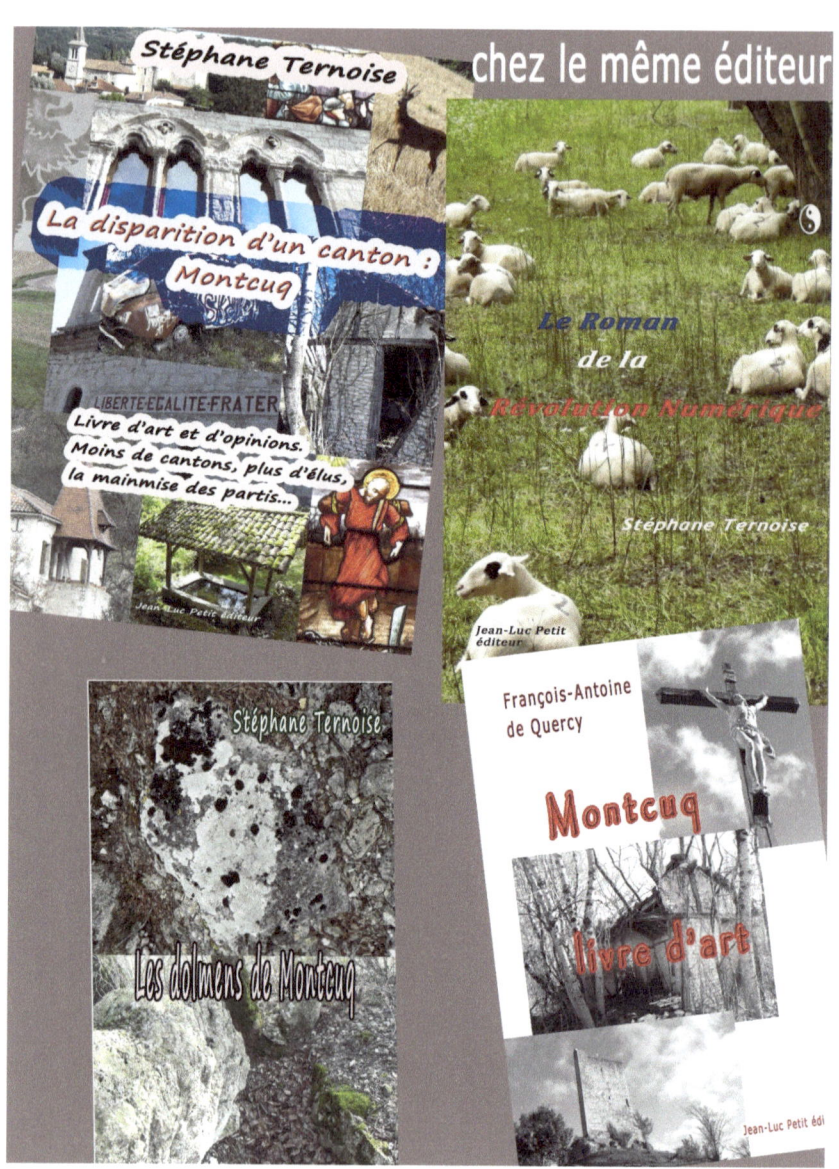

Beauregard, Dolmens Gariottes Château de Marsa et autres merveilles lotoises

Village du Quercy, Causse de Limogne, Sud du Lot

Du même auteur*

Certaines œuvres sont connues sous différents titres.

Romans

La Faute à Souchon : (Le roman du show-biz et de la sagesse)
Quand les familles sans toit sont entrées dans les maisons fermées
Liberté j'ignorais tant de Toi (Libertés d'avant l'an 2000)
Viré, viré, viré, même viré du Rmi !
Ils ne sont pas intervenus (Peut-être un roman autobiographique)

Théâtre

Neuf femmes et la star
Les secrets de maître Pierre, notaire de campagne
Ça magouille aux assurances
Chanteur, écrivain : même cirque
Deux sœurs et un contrôle fiscal
Amour, sud et chansons
Pourquoi est-il venu :
Aventures d'écrivains régionaux
Avant les élections présidentielles
Scènes de campagne, scènes du Quercy
Blaise Pascal serait webmaster
Trois femmes et un Amour
J'avais 25 ans
« Révélations » sur « les apparitions d'Astaffort » Jacques Brel Francis Cabrel

Théâtre pour troupes d'enfants

La fille aux 200 doudous
Les filles en profitent
Révélations sur la disparition du père Noël
Le lion l'autruche et le renard,
Mertilou prépare l'été
Nous n'irons plus au restaurant

* extrait du catalogue, voir www.ternoise.net

Stéphane Ternoise

Beauregard, Dolmens Gariottes Château de Marsa et autres merveilles lotoises

Village du Quercy, Causse de Limogne, Sud du Lot

Sortie numérique : 14 décembre 2011

Jean-Luc Petit éditeur – Collection Photos

Stéphane Ternoise
Versant lotois :

http://www.lotois.fr

Tout simplement et logiquement !

Tous droits de traduction, de reproduction, d'utilisation, d'interprétation et d'adaptation réservés pour tous pays, pour toutes planètes, pour tous univers.

Site officiel : http://www.ecrivain.pro

© Jean-Luc PETIT - BP 17 - 46800 Montcuq – France

Beauregard, Dolmens Gariottes Château de Marsa et autres merveilles lotoises

Dans un vieux *Dire Lot* de novembre 2005, emprunté à la médiathèque de Montcuq, figure le chemin de la bastide de Beauregard, partant de la halle du village, passant par le château de Marsa, les gariottes, dolmens, gariottes sur dolmens. Faute de meilleures indications, je l'ai suivi. Car si Beauregard m'est familier, je n'avais jamais vu l'ensemble de ses merveilles. Cet itinéraire est issu du guide « *promenades et randonnées sur le Parc naturel régional des Causses du Quercy* » et je le déconseille vivement... Nettement plus facile (surtout en voiture) de s'épargner un long détour... que n'avait sûrement pas suivi le journaliste, se contentant d'agrémenter son article des photos de la halle, du château et son lavoir.

Dans le cadre de la série « découvertes du Lot » de http://www.lotois.fr : Beauregard, à trente kilomètres au Sud-Est de Cahors. 46 magnifiques clichés.

Stéphane Ternoise

Le village

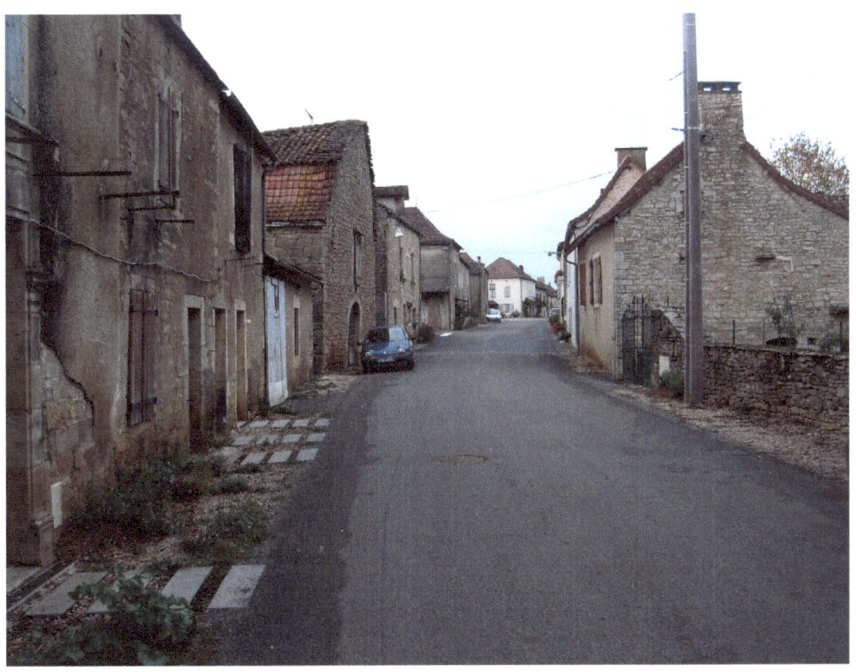

Le village, le bourg de Beauregard, des habitations en pierres, un patrimoine traditionnel en cette partie du pays. Il est agréable de marcher dans ces quelques rues… où subsistent des pigeonniers… Pourquoi ne pas manger ses sandwichs sous la halle ?
Beauregard : département du Lot, canton de Limogne-en-Quercy, 46260, administré depuis 2001 par Jacques Mercadier (noté divers gauche mais cette étiquette ne signifie pas grand-chose dans le Lot) qui avait succédé à Robert Pons en poste durant 18 ans. Moins de deux cents beauregardaises ou beauregardais.
La commune s'honore (ou non) d'une célébrité : c'est à Beauregard qu'est né, en 1920, René Andrieu, le rédacteur en chef de L'Humanité de 1958 à 1984, dont on peut préférer l'action dans la Résistance (il est noté : *officier des Francs-tireurs et partisans* dans le Lot) durant la Seconde Guerre mondiale. Un

membre très influent du comité central du Parti communiste français des années 1960-1980... droit dans ses bottes sur la ligne du parti et celle du régime soviétique. Je n'ai pas lu « *Stendhal ou le bal masqué* », qu'il publia 1983. Un homme qui s'intéresse à cet écrivain avait forcément des qualités !

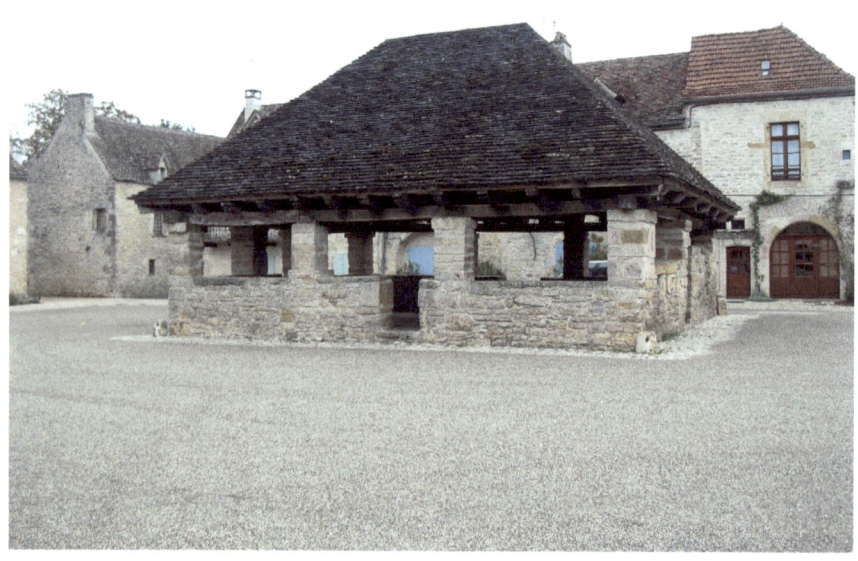

La halle du 15e siècle (date de la base Mérimée, d'autres sont parfois notées), propriété de la commune, dotée d'une solide charpente couverte de lauzes, classée aux monuments historiques par arrêté du 5 août 1922.

Présentation officielle et précise culture.gouv.fr :
Construction basse très simple, établie sur plan rectangulaire ne comportant qu'un rez-de-chaussée avec soubassement en maçonnerie et couverture en laves. Des piles carrées en maçonnerie surmontent le mur bahut et soutiennent la charpente. Les ouvertures

circulaires des mesures à grain sont creusées dans la dalle de pierre qui constitue le revêtement du mur de clôture de la halle. Sur la façade sud se distinguent les ouvertures quadrangulaires pratiquées dans le mur pour l'écoulement des produits mesurés.

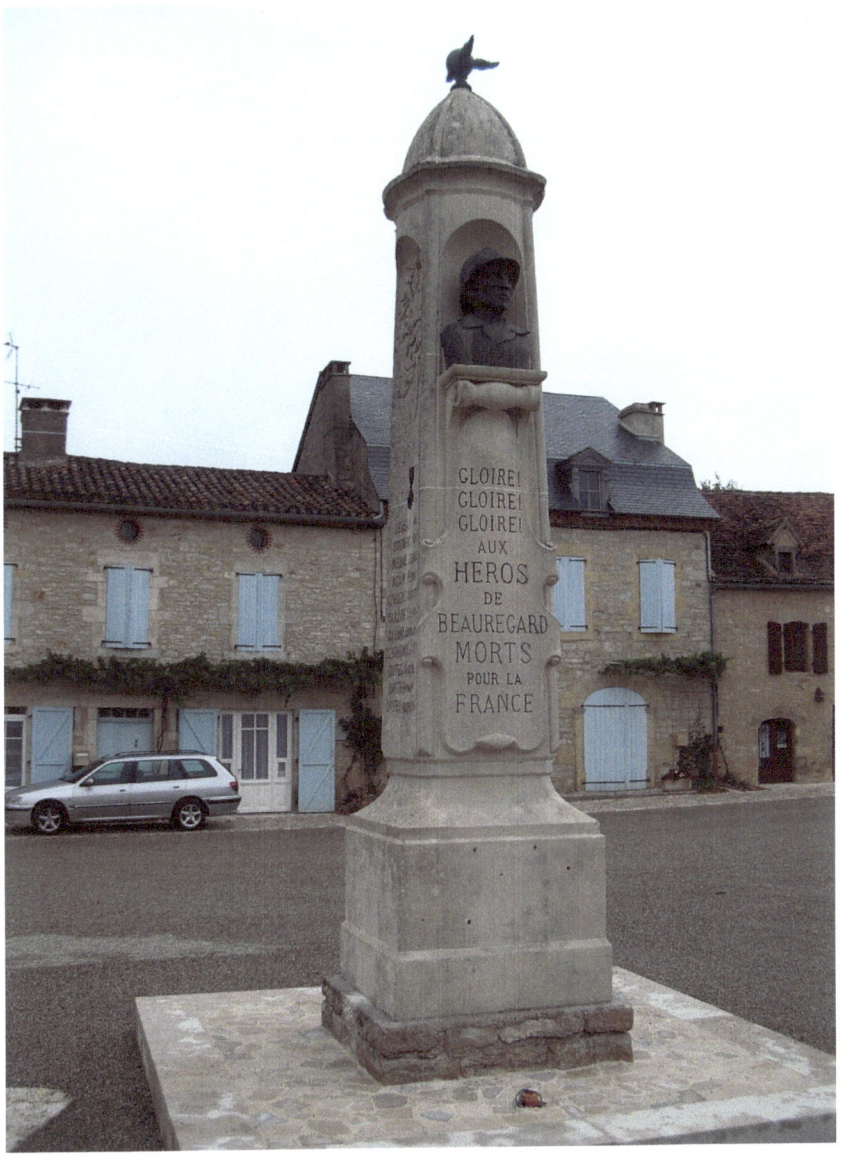

A côté de la halle, le monument aux morts.

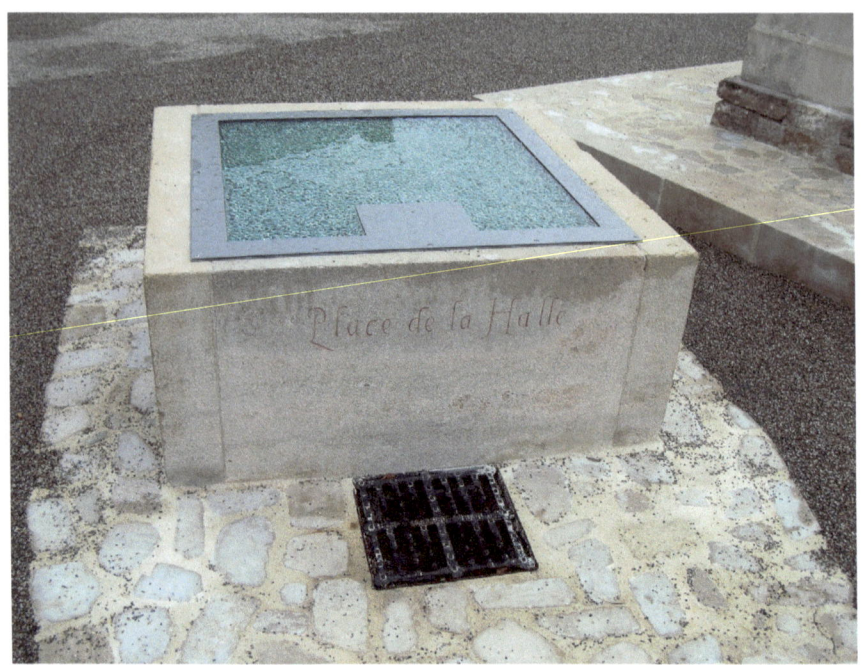

Œuvre récente. Le premier semestre 2011 fut synonyme de travaux à Beauregard, avec la réalisation d'un assainissement collectif d'un montant de 580 340 euros (quand tant d'autres communes contraignent leurs habitants à se débrouiller pour un assainissement individuel).

430 493 autres euros furent investis pour l'aménagement de la place de la halle, la création d'espaces publics, l'enfouissement des réseaux.

La Dépêche du Baylet dans son article (en ligne, rassurez-vous, je ne donne pas un centime à ces gens) ajoutait « *Ces travaux, pour un total de 560 172 € ont obtenu diverses subventions* » avant d'égrainer 430 465 euros : une dotation de l'État de 113 655 euros, 64 547 euros du conseil général, 52 000 euros du conseil régional, une enveloppe parlementaire de 45 000 euros (comme l'avouent certains : l'enveloppe parlementaire, cette manière d'acheter des voix). La part communale ressortant à 155 263 euros.

Que représentent ces 560 172 euros ? Même pas le montant TTC de 430 493... Il est parfois difficile dans ce département d'obtenir des informations exactes...

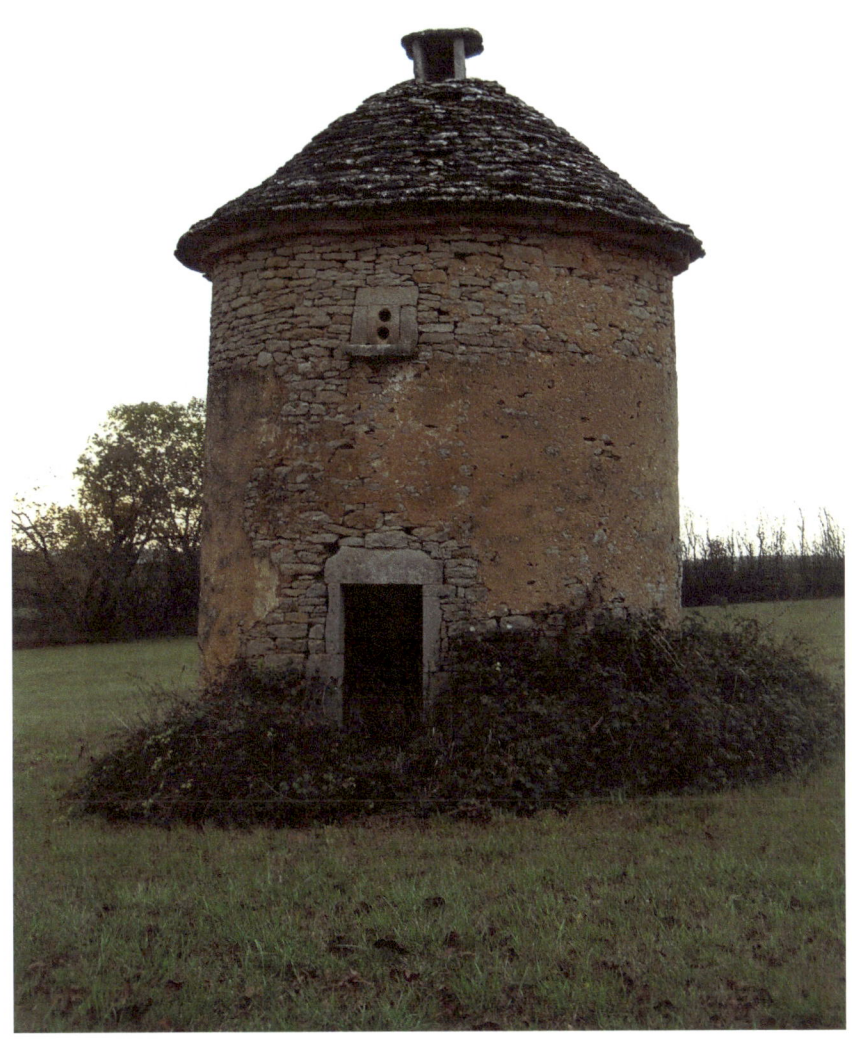

Derrière les habitations, dans une prairie, un pigeonnier, tour ronde en pierre sèche, toiture en lauze.

Le château de Marsa

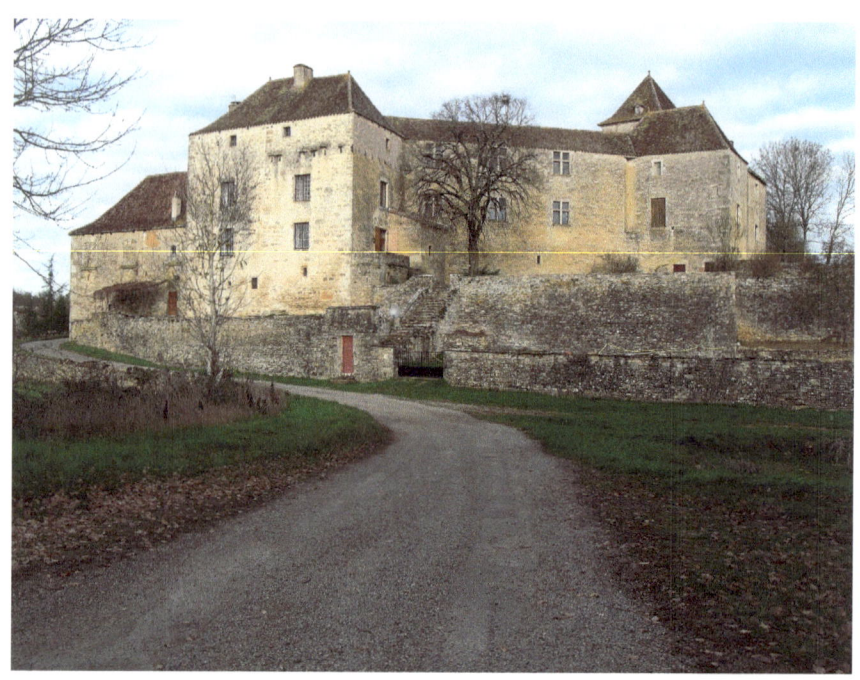

Le château de Marsa. Une photo réalisée d'un angle classique. Le plus souvent, les arbres en feuilles masquent des pierres et fenêtres. Autre dénomination : château de Labastide. Il est classé aux monuments historiques depuis le 27 juillet 1979. Éléments protégés : façades et toitures. Château du 13e, 15e et 17e siècle, il se compose d'un corps de bâtiment principal et de deux ailes formant, avec l'élément central, deux angles obtus. Ce plan ordonné et régulier permet de le dater du 17e mais certains éléments sont plus anciens : la tour carrée au nord-est doit dater du 13e et un mâchicoulis de l'aile sud-est serait du 15e. Ce château est une propriété privée, sans visite publique.

Devant le château, le lavoir « papillon » (forme classique des lavoirs de la région, avec des dalles calcaires en V qui servaient à battre le linge).

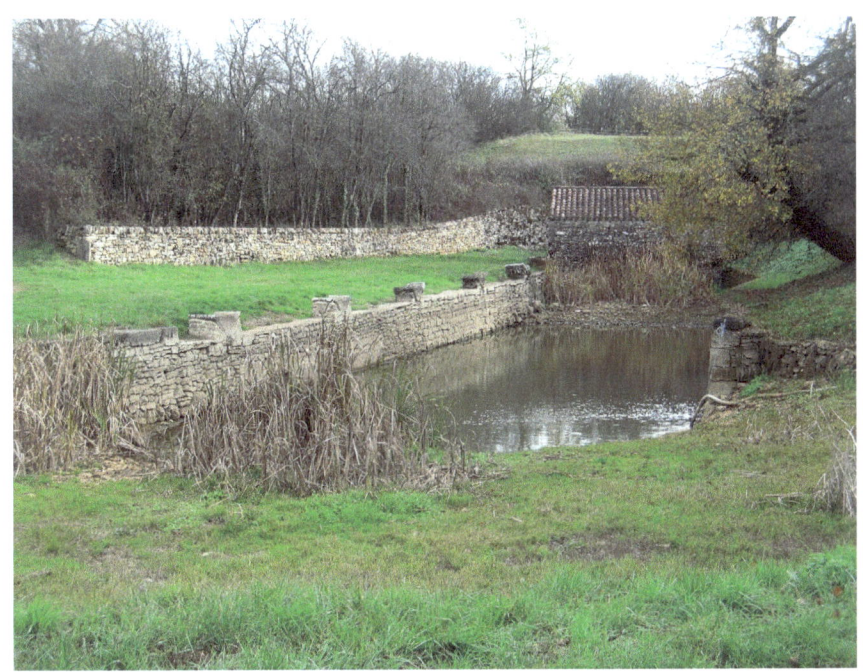

« Le lavoir papillon » habituellement noté est un abus de langage ou une faute d'excès de visite rapide ! N'hésitez pas à vous approcher de la petite dépendance au fond du lavoir…

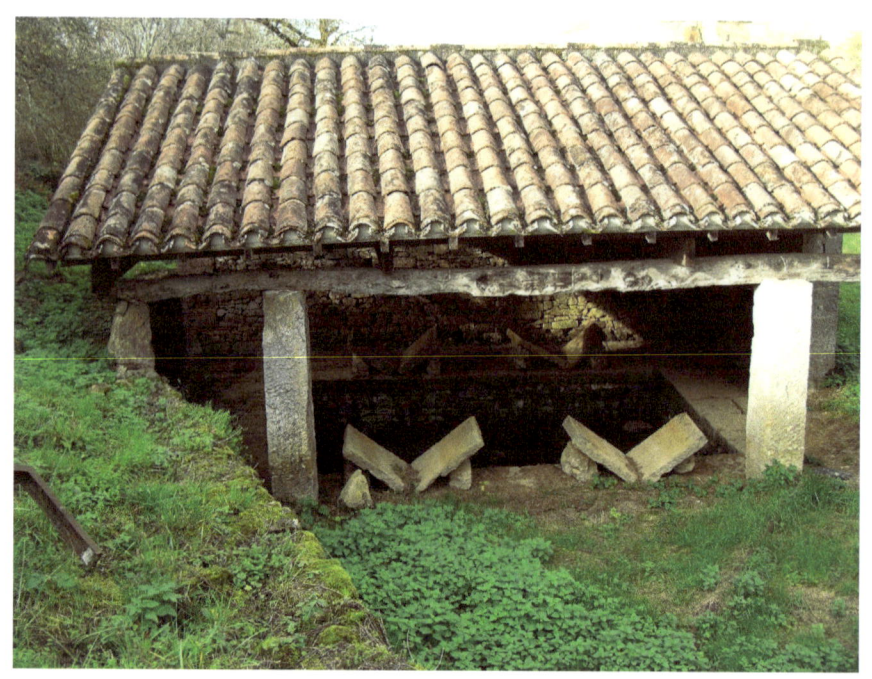

Le deuxième ! Un lavoir papillon couvert, d'hiver… Et quand vous y aurez accédé… vous pourrez découvrir l'angle du cliché château-lavoir.

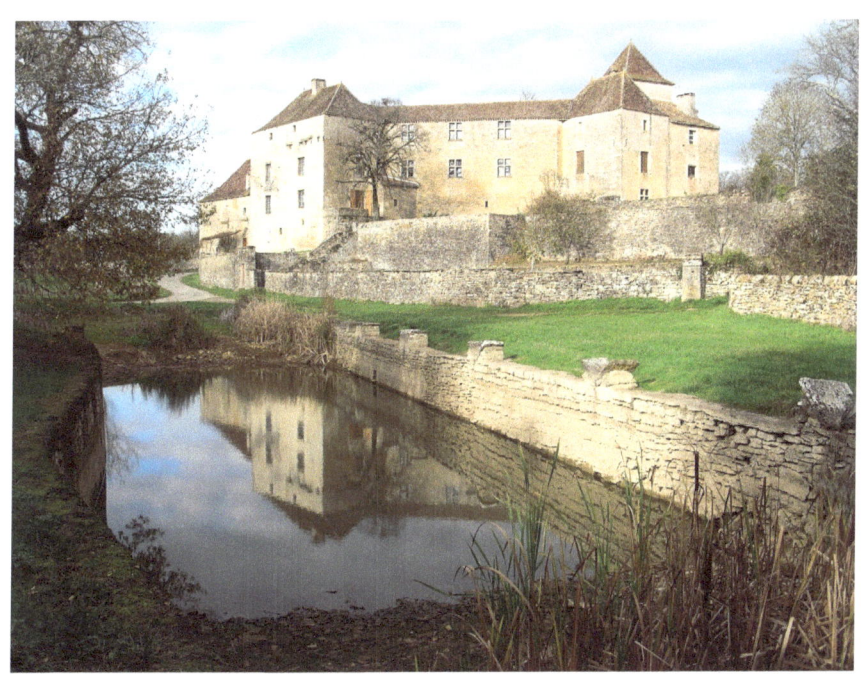

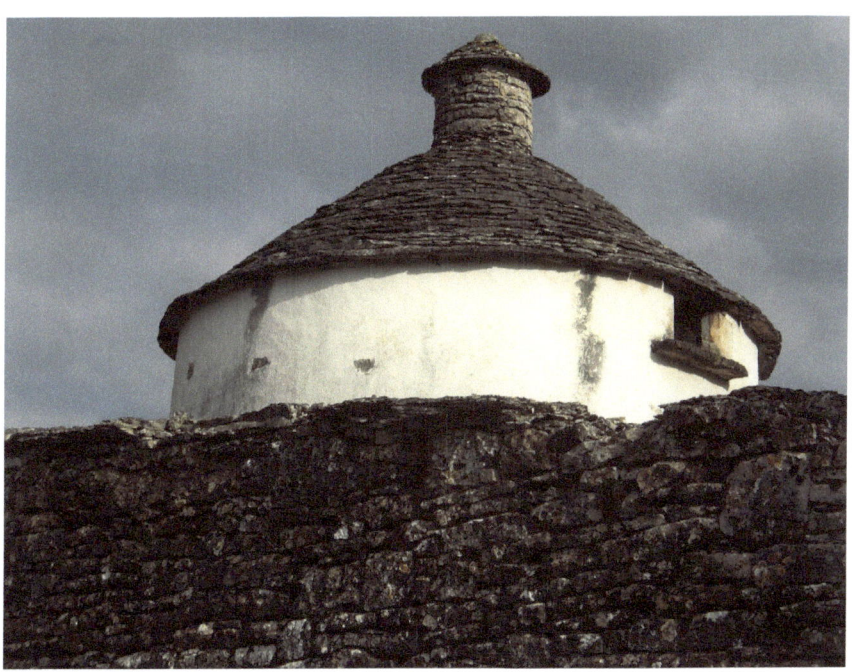

Derrière le mur, seul le haut du pigeonnier est visible …

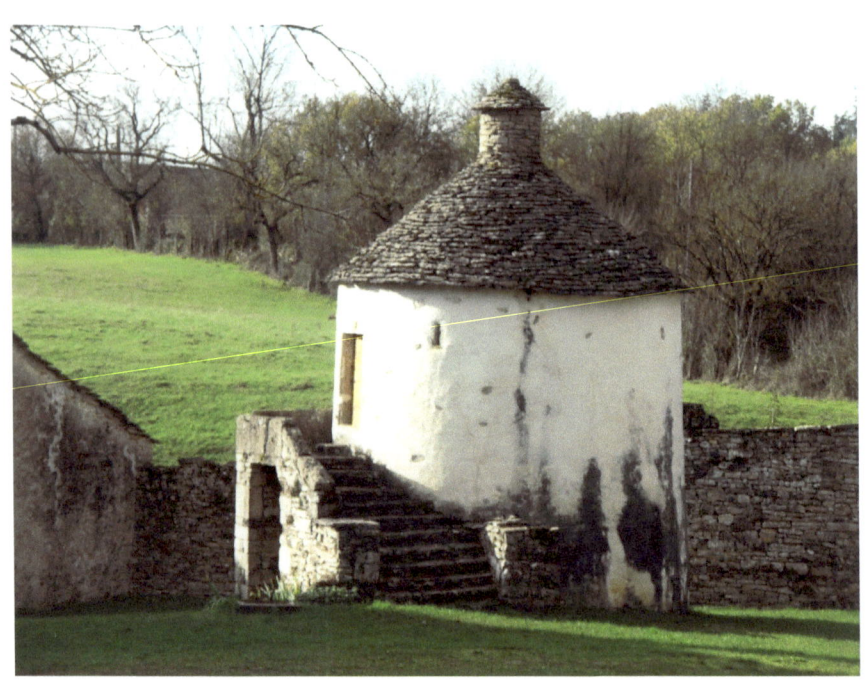

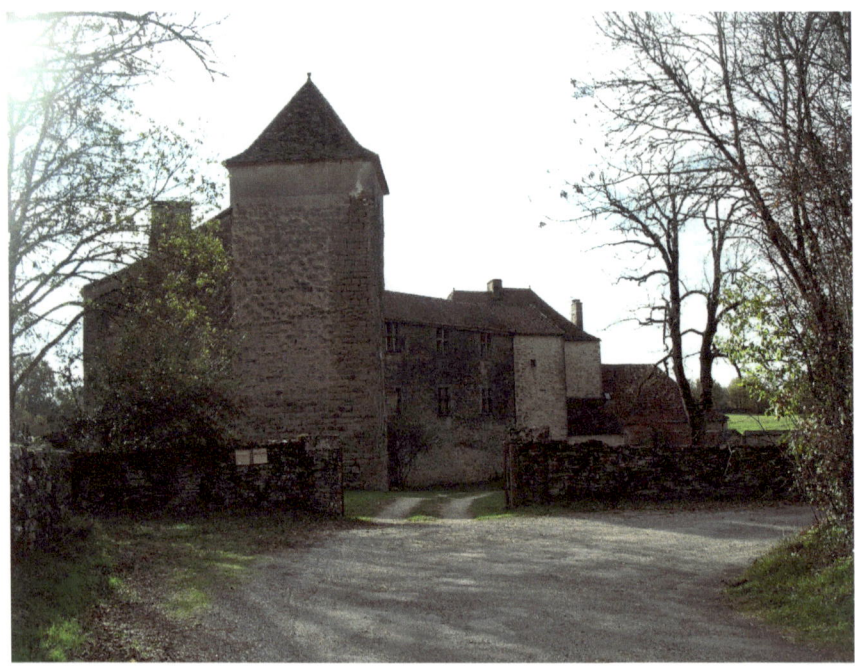

Le château par l'entrée visiblement devenue principale, celle des véhicules. Moins classe !

La route des gariottes et dolmens

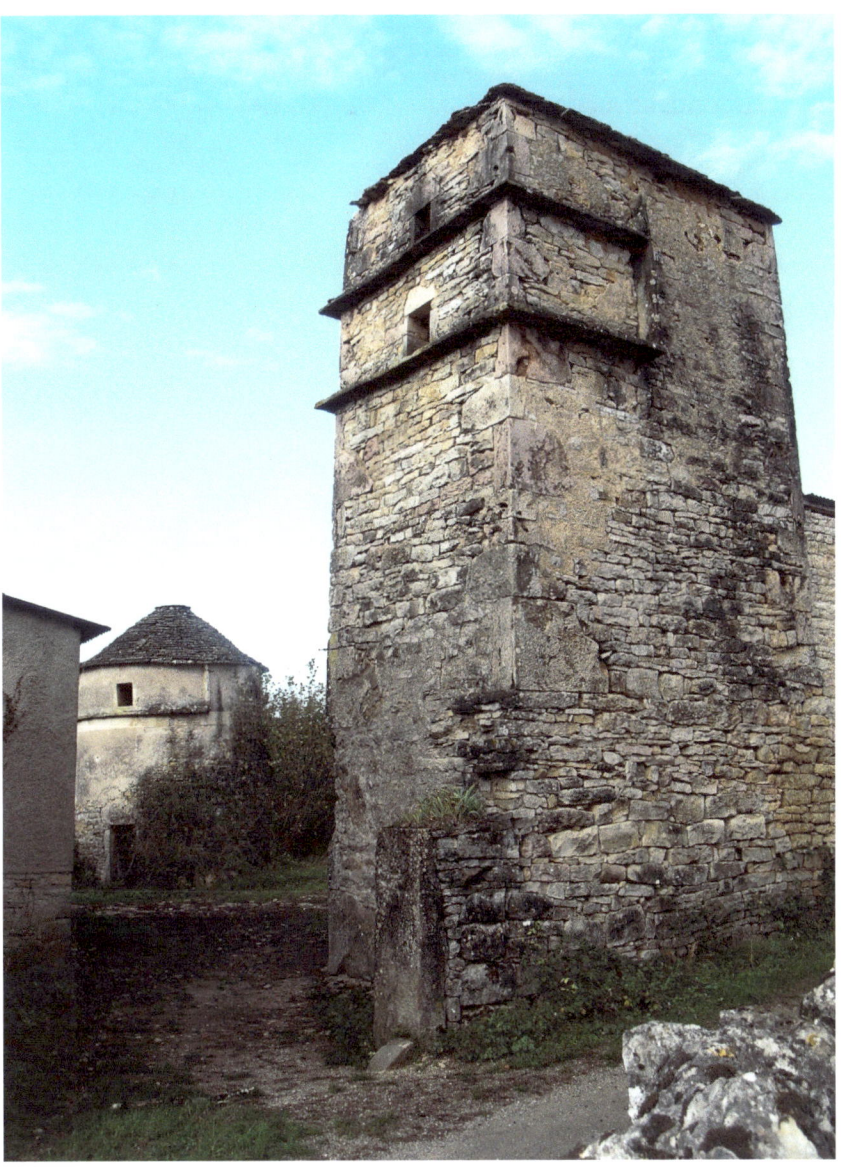

Retour à la D55 du village et prendre la petite route à droite au pigeonnier. N'oubliez pas d'observer la tour ronde qui servit sûrement à stocker le grain…

Tout droit, la route devient chemin jusqu'à un carrefour où il convient de tourner à droite. Pour aboutir à une route à prendre sur la gauche. Regarder sur sa droite la gariotte et continuer tout droit…

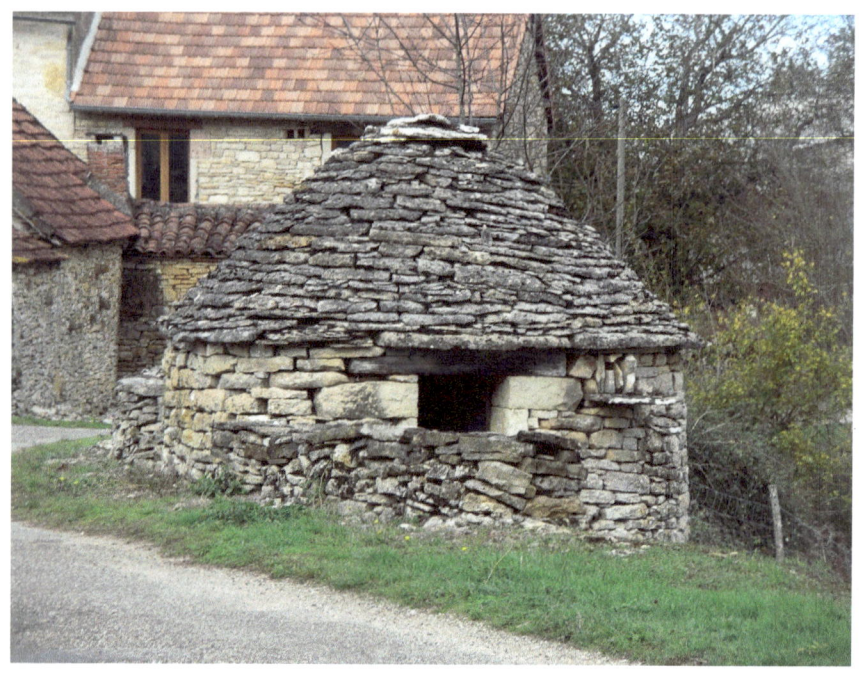

Pour embarquer vers un long périple à travers bois… Alors qu'il est bien plus simple, pour accéder aux dolmens et gariottes, de tourner immédiatement à droite après cette gariotte. Pour accéder à cet endroit, prendre, dans le centre de Beauregard, la direction Varaire puis des lieux-dits Bouysset, Guiralet, La Becade. Cet itinéraire n'est pas officiellement conseillé… si vous le prenez il vous faudra lire les indications à l'envers.

Des kilomètres dans les bois…

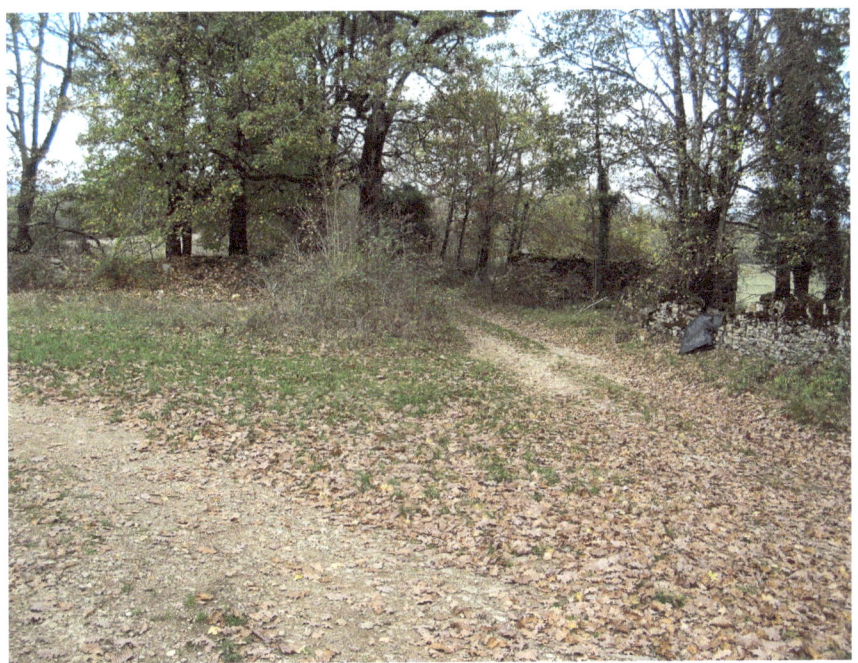

Des kilomètres dans les bois, à se demander si nous sommes perdus, avant les indications des dolmens et gariottes…. «… *Peu après un chemin succède à la route et aboutit à une fourche ; prenez alors le chemin de droite qui descend progressivement jusqu'à un croisement en T. Bifurquez à droite sur le chemin et rejoignez un croisement…*» avec heureusement quelques belles surprises…

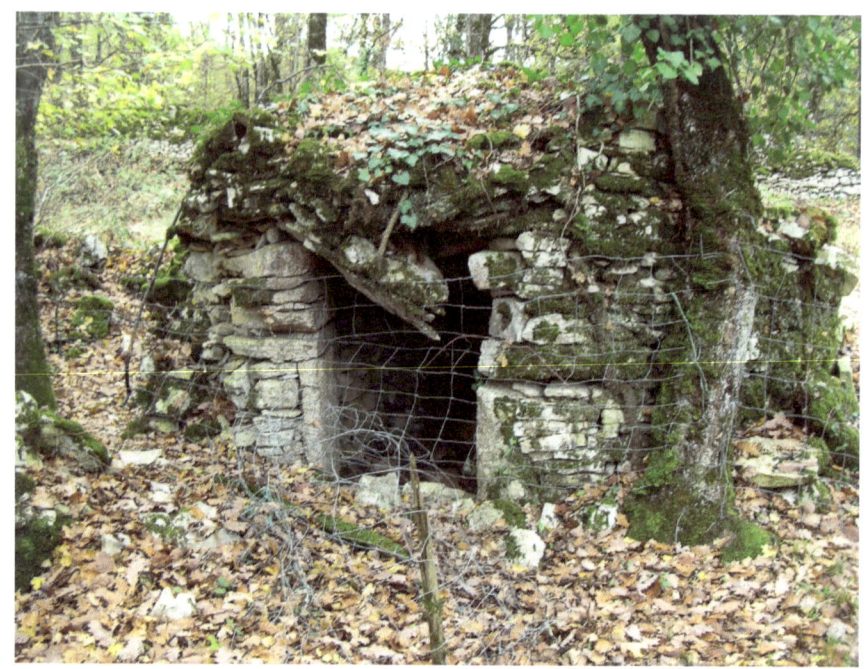

Juste avant cette fourche, non signalée par le plan, non indiquée, une gariotte qui ne passera sûrement plus de nombreux hivers. Le bois de l'ouverture brisé, nul ne semble trouver nécessaire de le remplacer… Continuer…
Et enfin, un panneau, indiquant « Gariottes et Dolmens 1,4 kms » mais à quelques mètres… une magnifique gariotte avec trois poutres à l'intérieur… à côté d'une habitation en ruine.

Sauf exceptions, les gariottes du Quercy ont été construites par les ouvriers agricoles qui défrichaient les terres incultes pour le compte de propriétaires au XIXe siècle, pour y planter puis entretenir la vigne.

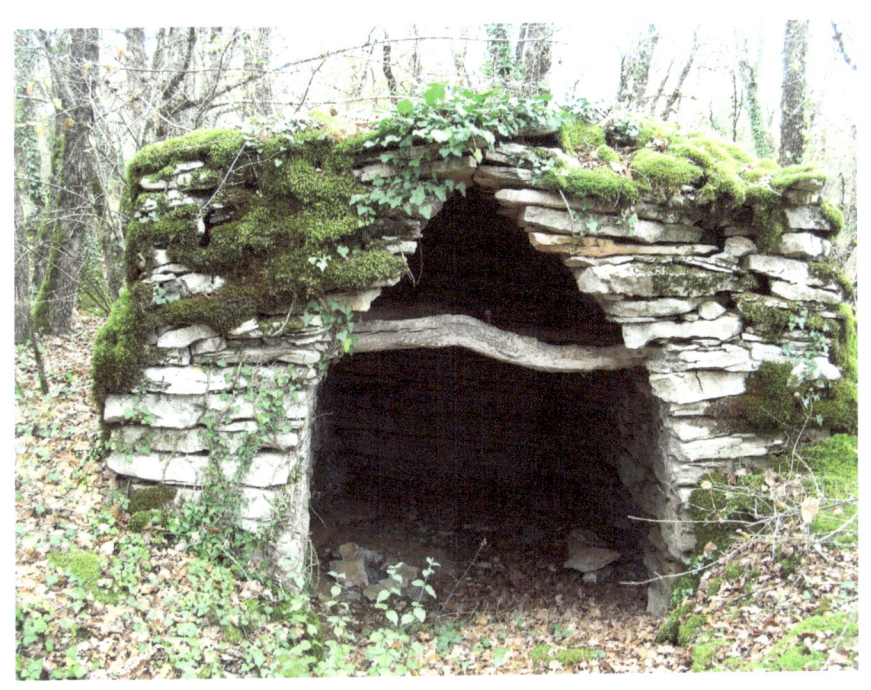

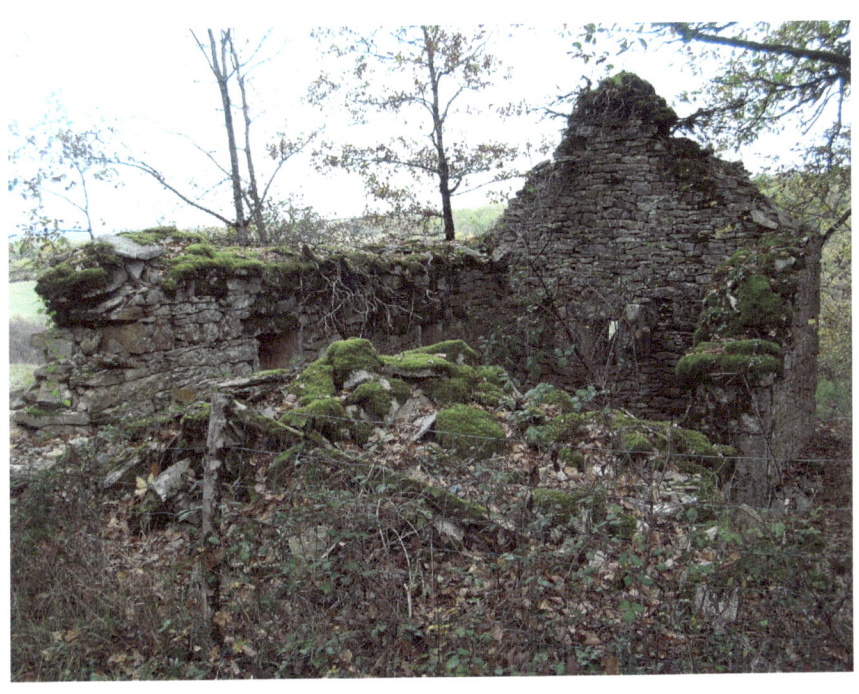

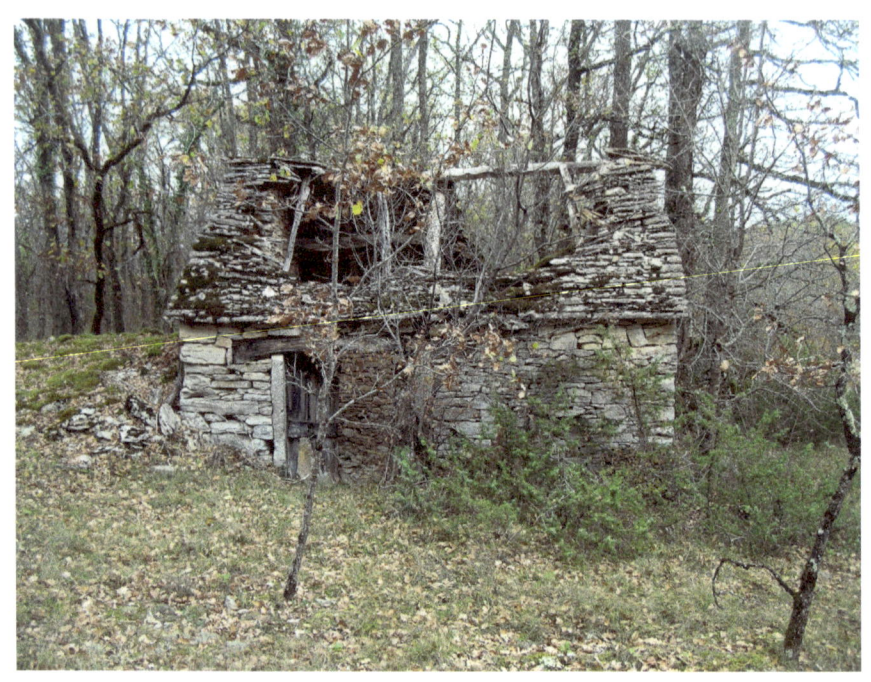

Plus loin, une autre trace d'activité humaine délaissée…

gariottes et dolmens officiels

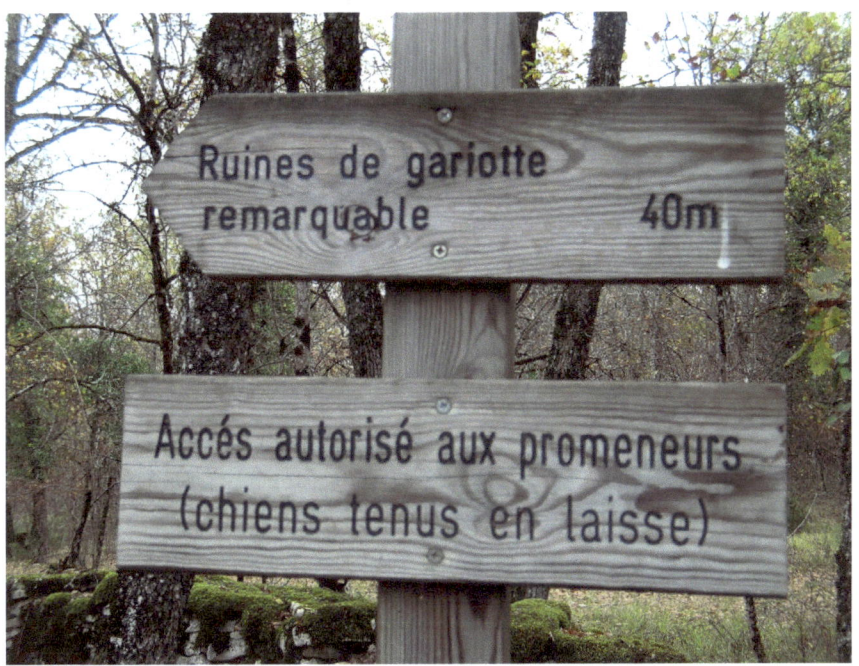

Une grande gariotte au toit effondré donnant, sur la gauche, sur une petite encore en très bon état. A côté de cet ensemble, quelqu'un a réalisé une reproduction de gariotte…

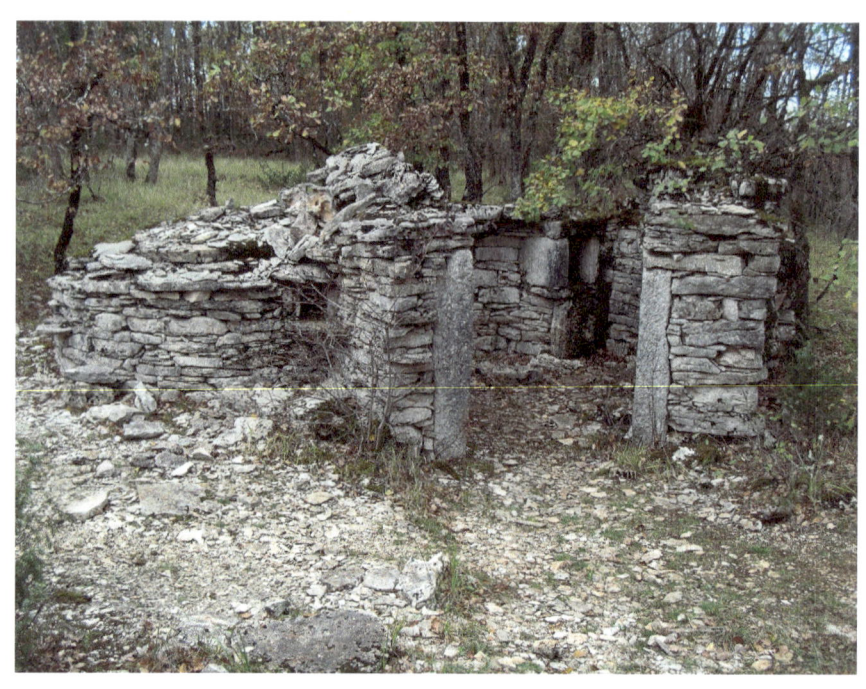

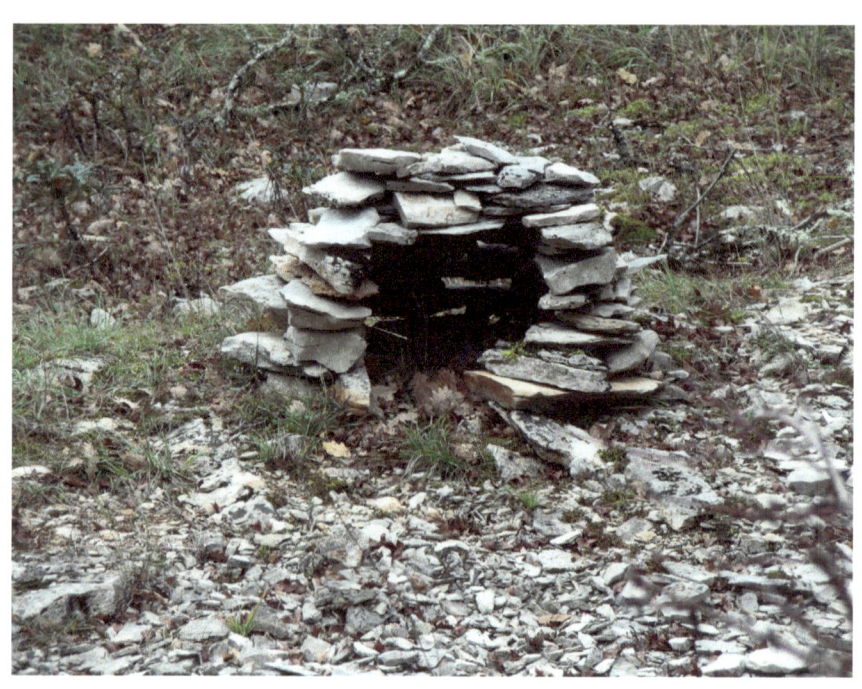

À une vingtaine de mètres de cet ensemble, plus bas, dans un mur, une autre gariotte, plus petite mais en très bon état.

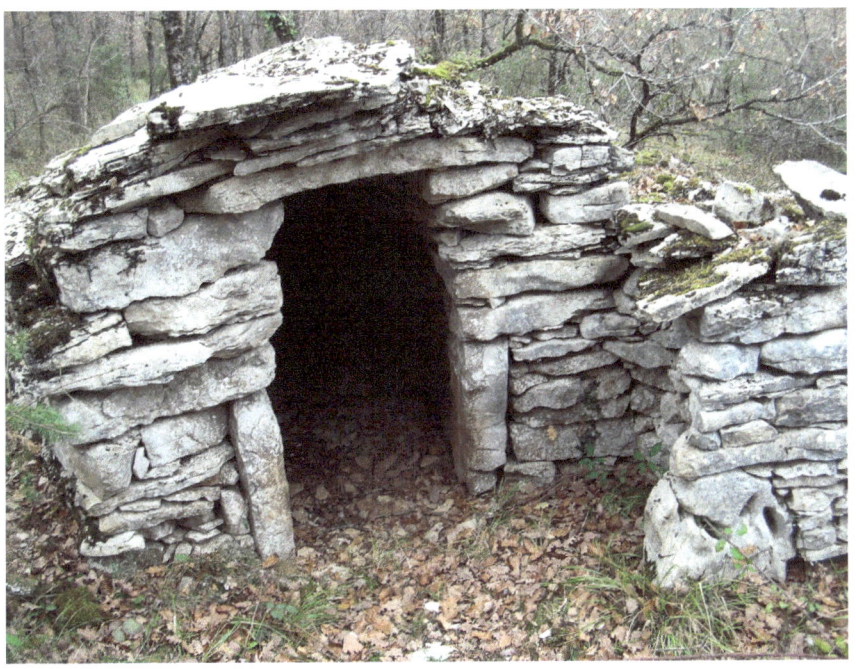

Quelques mètres de route et :

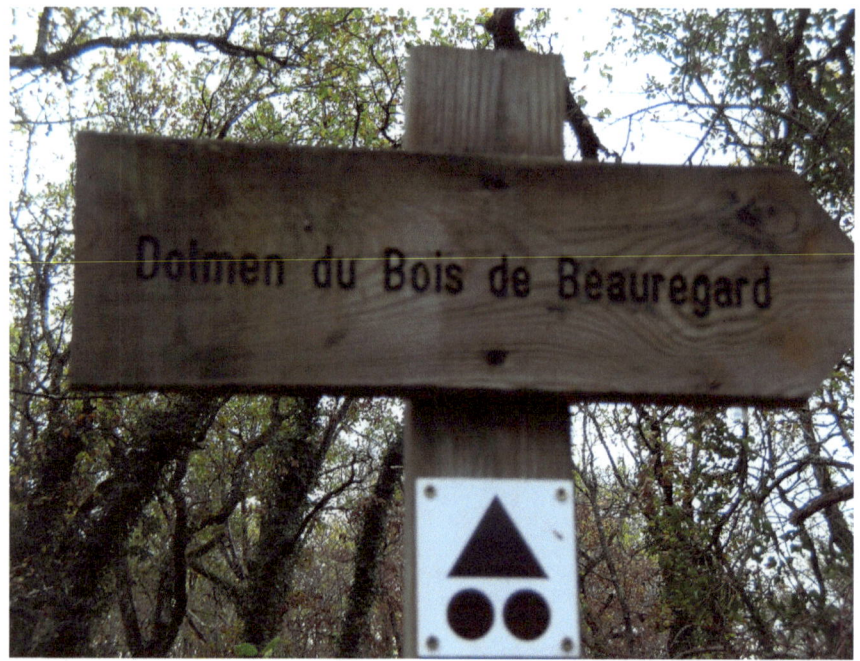

Trois clichés. Dont l'un montrant en gros plan la fragilité de ce dolmen, l'effritement de « la table ».

Les dolmens du Causse de Limogne auraient été érigés entre 2500 à 1500 avant J.C. Ils s'inscriraient dans la même logique que ceux de Bretagne bâtis 2000 ans plus tôt. On dénombre près de 800 dolmens dans la région du Quercy, le Causse de Gramat étant l'autre versant important. Ces mégalithes du Quercy sont de formes simples : une grande dalle de pierre (la table) reposant sur deux supports parallèles (les orthostates).

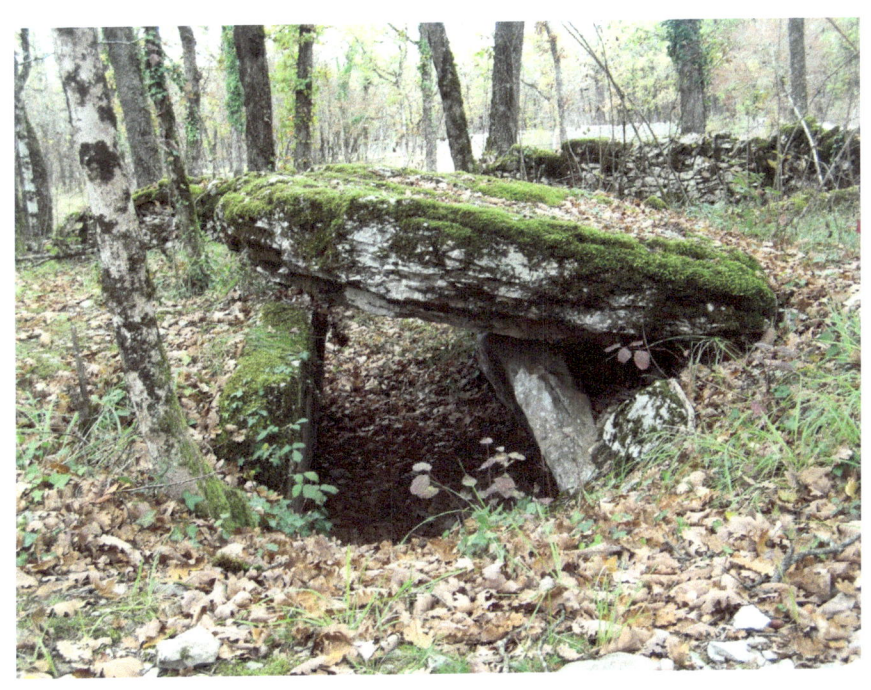

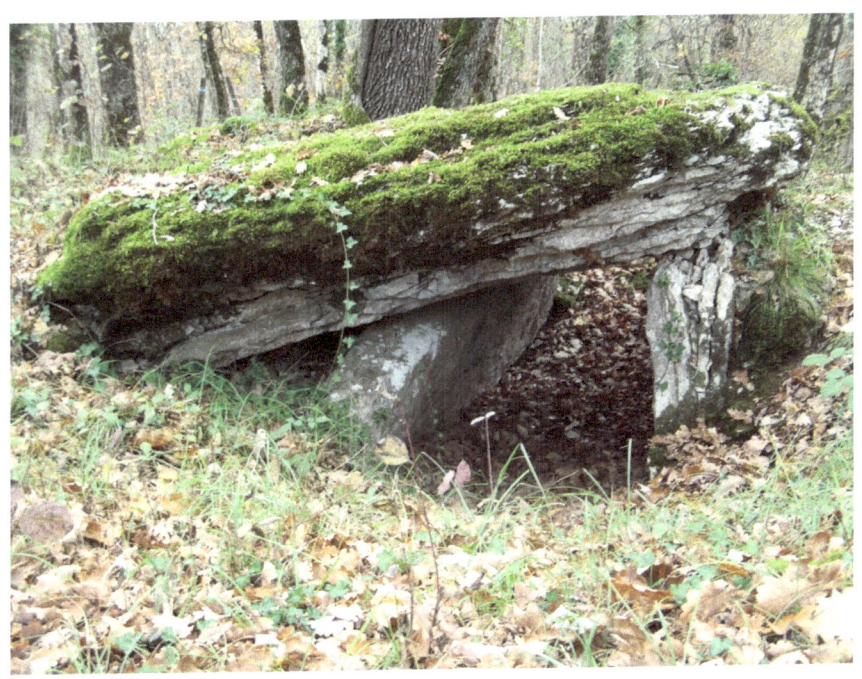

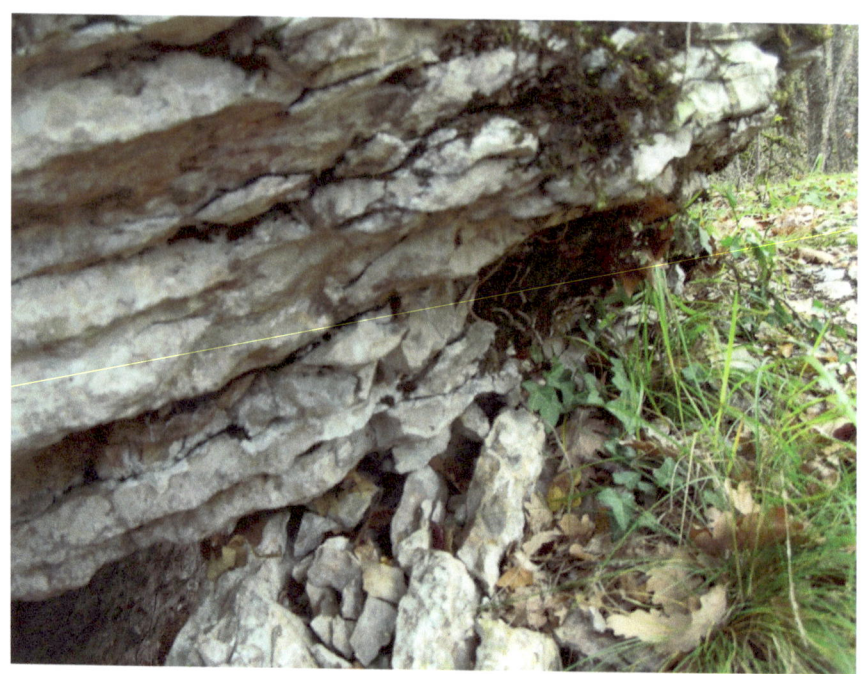

Si chaque visiteur touche cette table, en combien d'années perdra-t-elle cinquante kilos ?

Retour sur le chemin… une centaine de mètres plus loin, sans indication, une gariotte aux murs très épais.

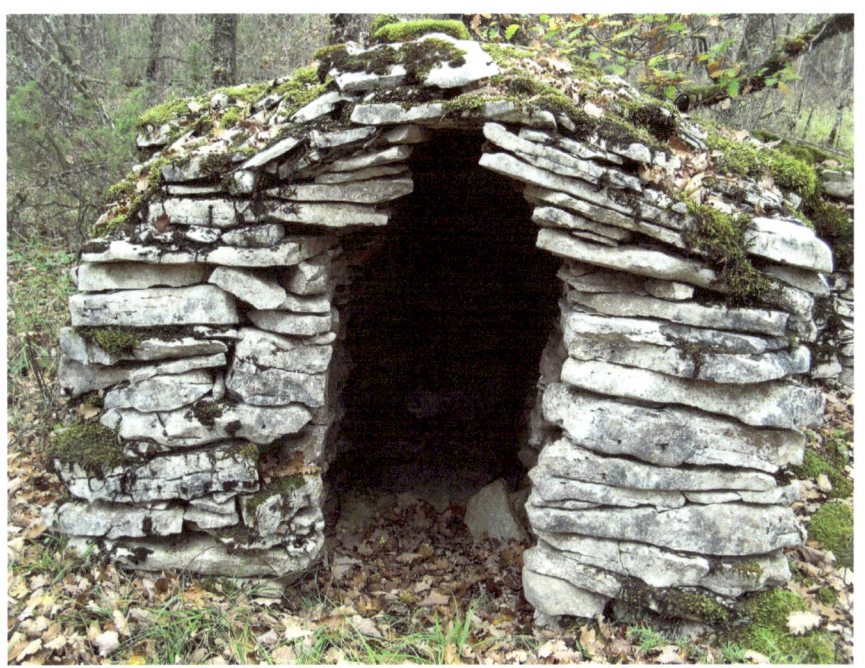

Gariotte sur dolmen… même chemin, sur la gauche…

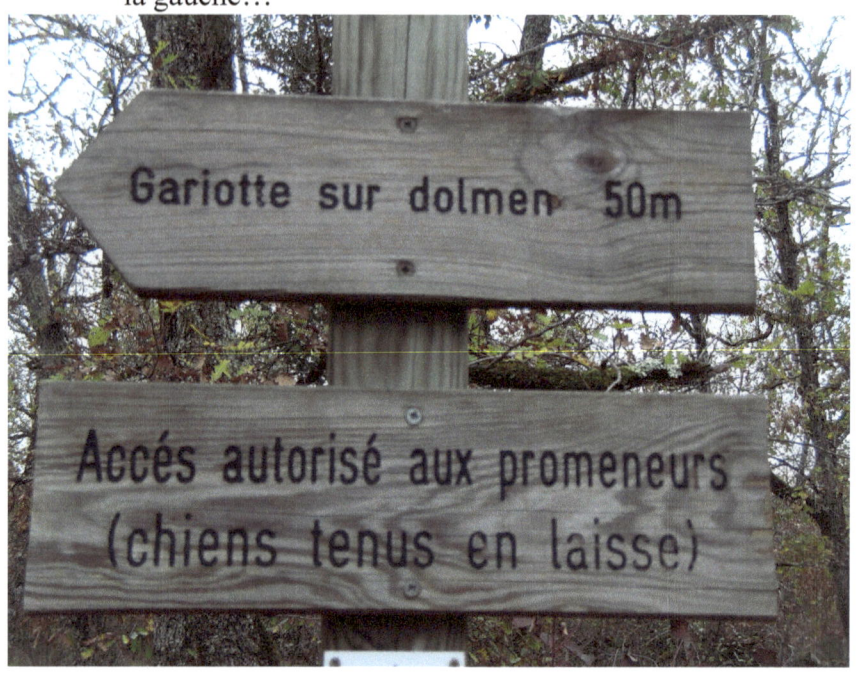

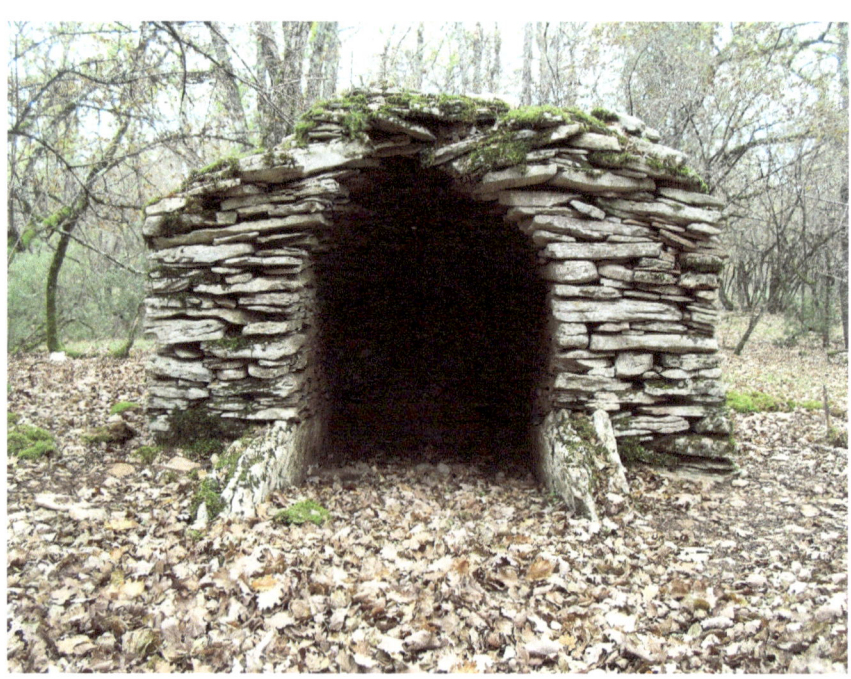

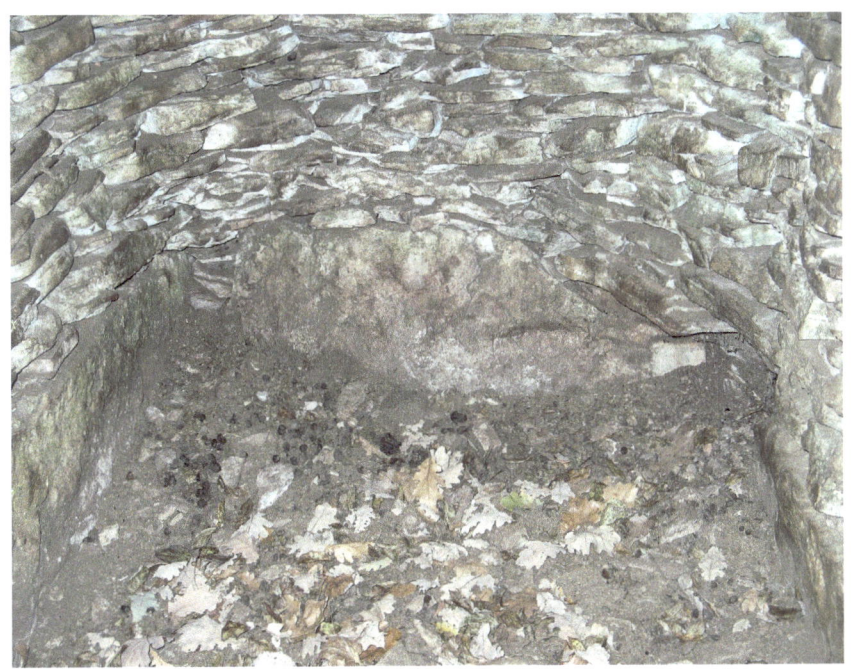

Une gariotte bâtie sur un dolmen dont la table a disparu. Elle repose sur les orthostates et sûrement la dalle de chevet (gros plan). Une gariotte d'environ un mètre trente de hauteur.

Retour sur le chemin… sur la droite une cazelle aux murs gigantesques mais au toit tombé.

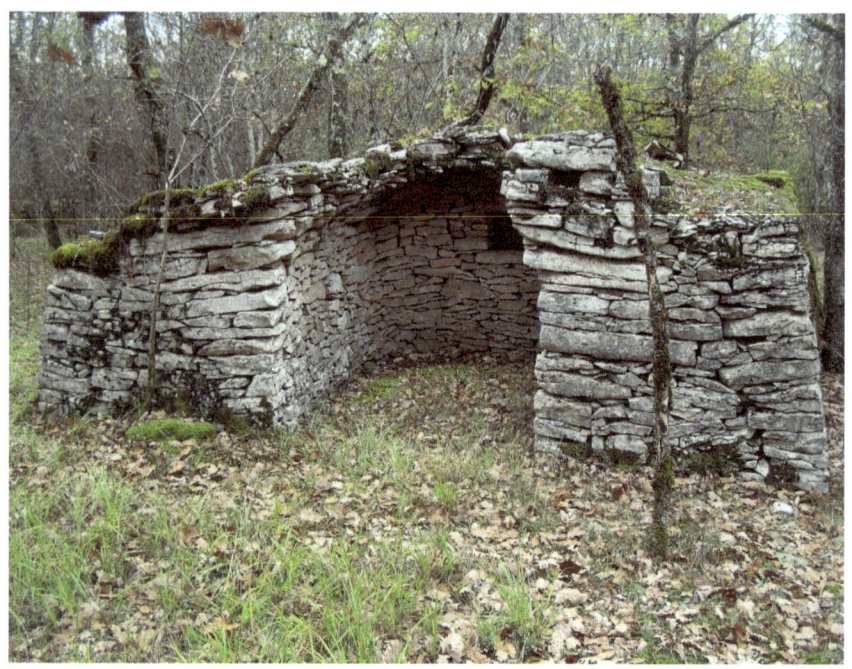

La plus belle gariotte sur dolmen…

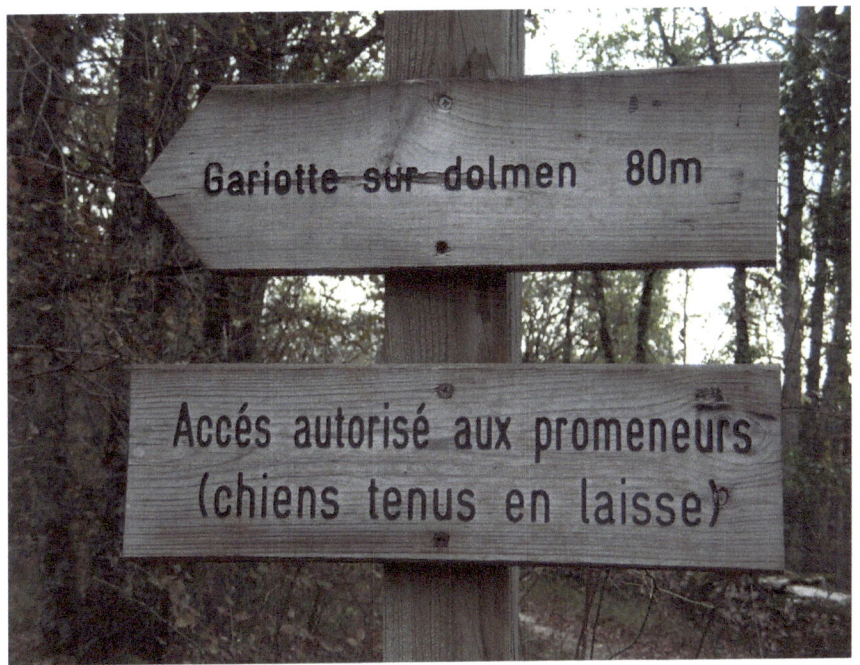

Contrairement à la précédente gariotte sur dolmen, celle-ci présente une table simplement brisée et la construction de l'abri a pu utiliser son assise de gauche (la plus grande) et de droite, la partie centrale fut sûrement déplacée derrière (cinquième cliché). Un endroit de profonde tranquillité… malgré les tirs du Camp militaire de Caylus.

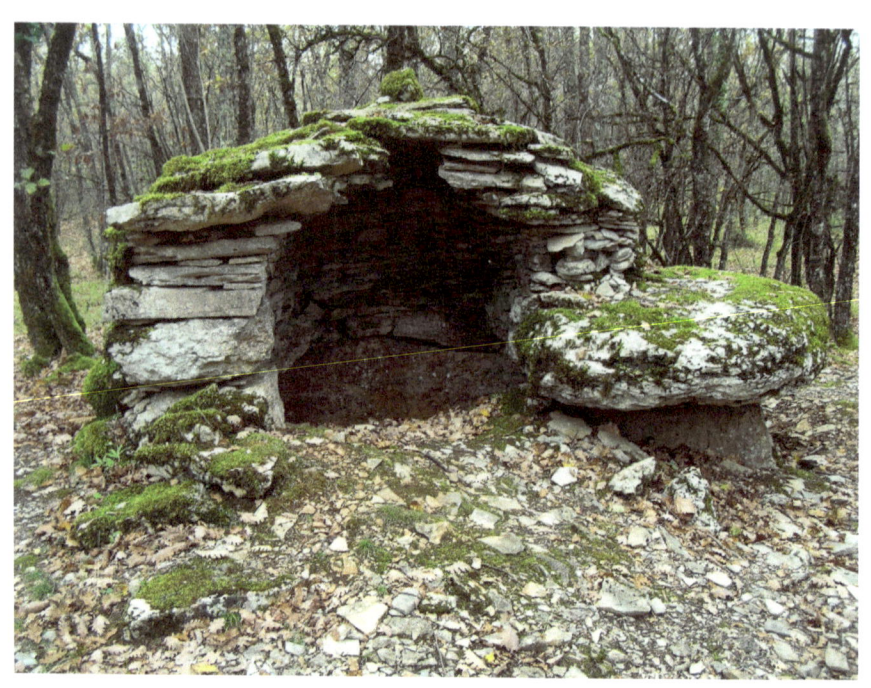

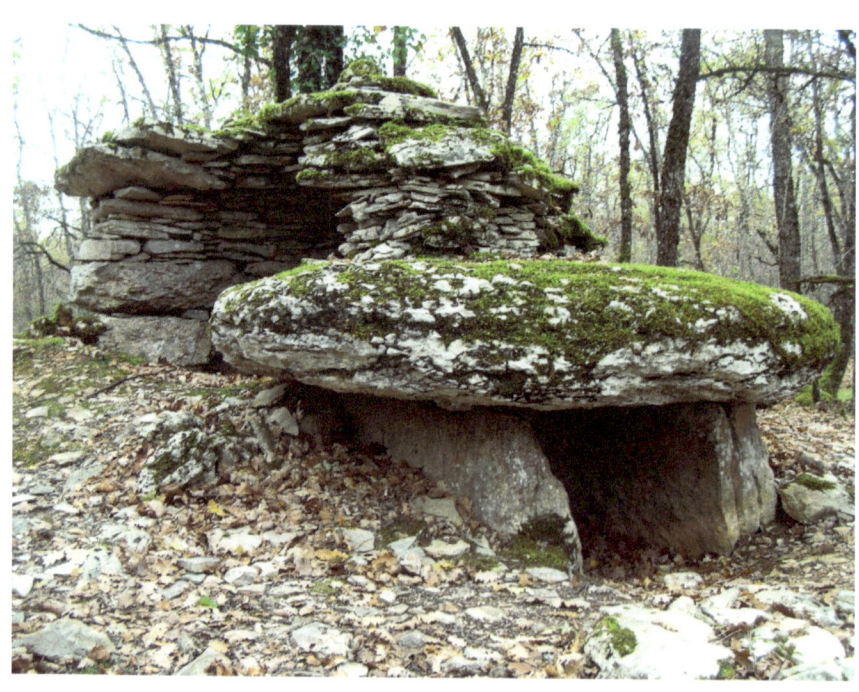

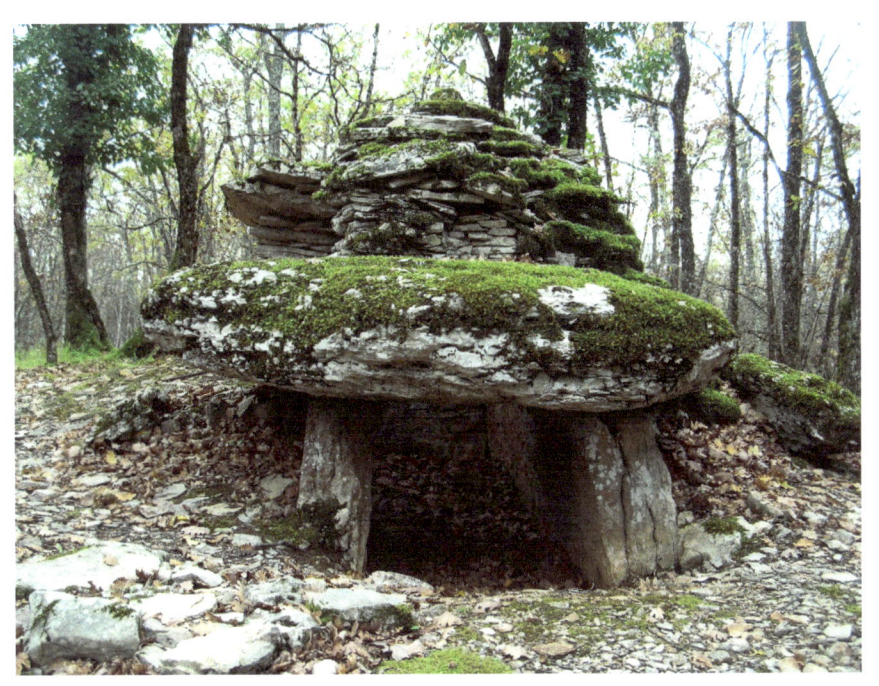

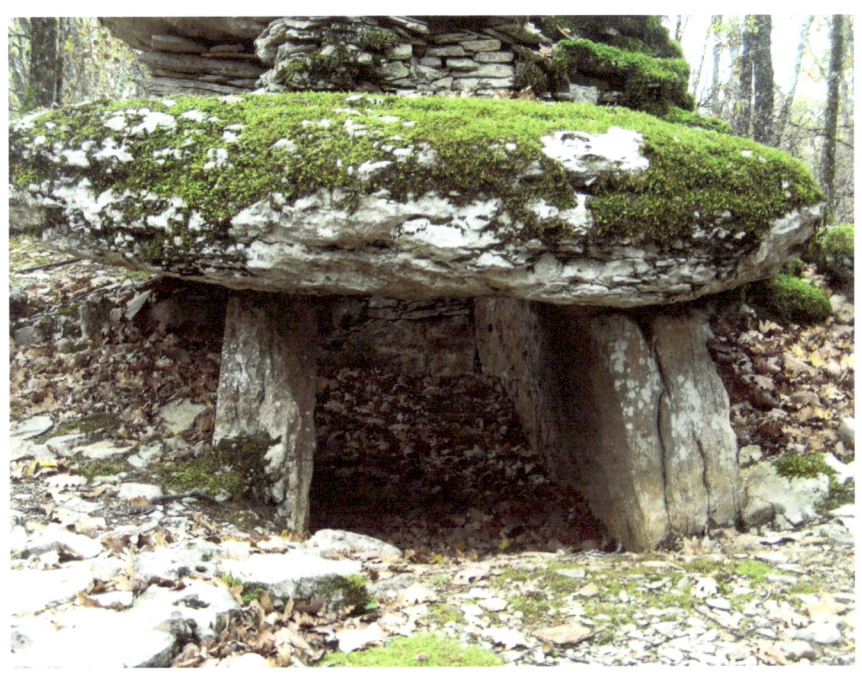

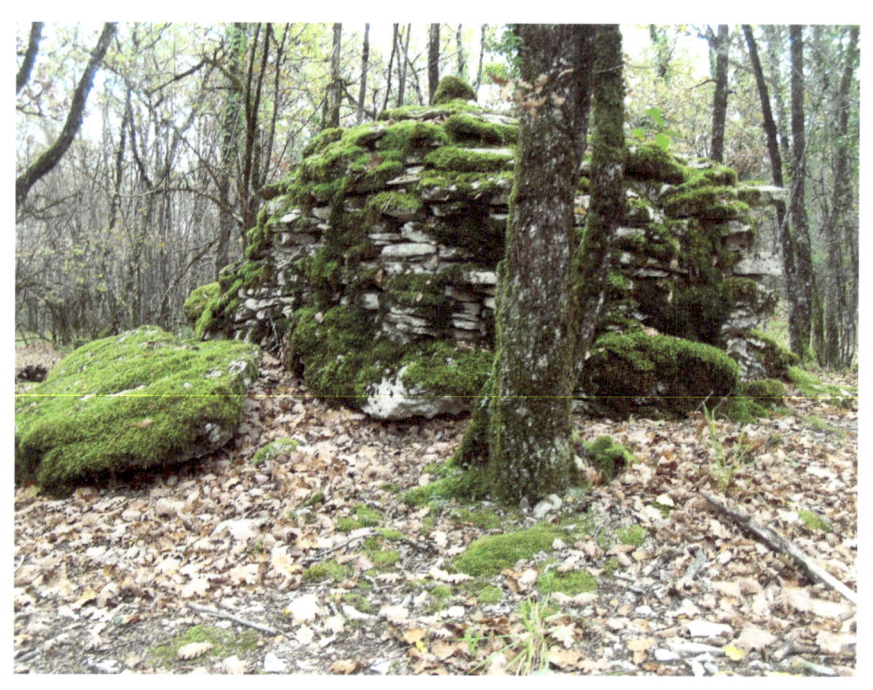

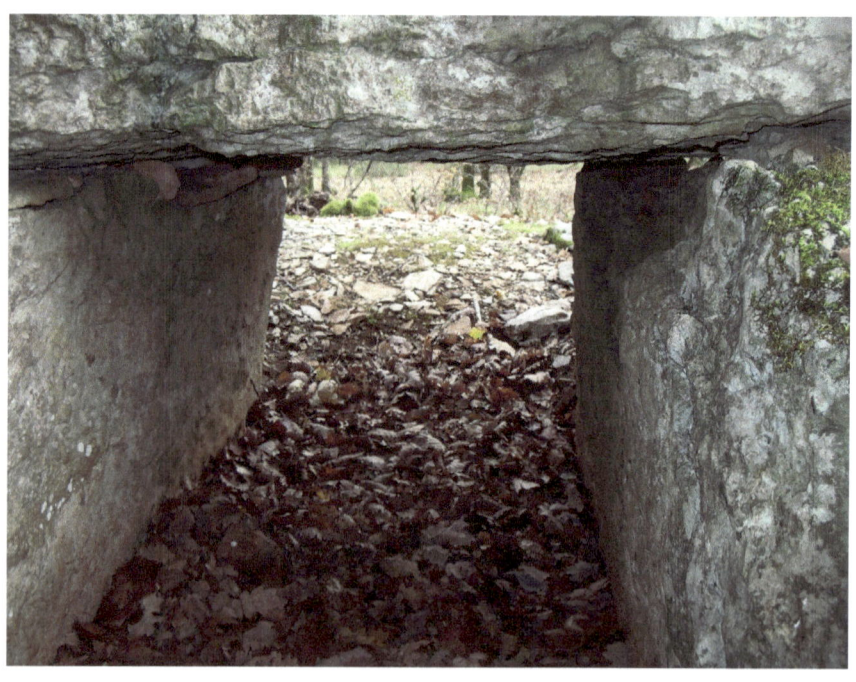

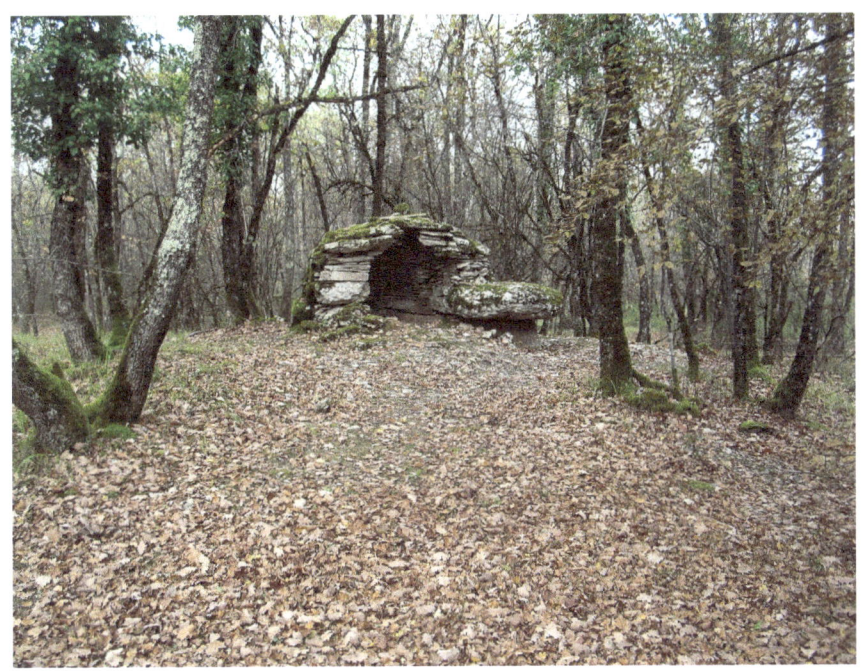

Terminé pour les dolmens mais le retour au village, la découverte du chemin préférable, réservera encore une magnifique halte, une gariotte « remarquable », presque une maison, avec deux grandes pierres de chaque côté de l'ouverture, un conduit de cheminée (à l'extrême gauche de la première image)… Car il ne s'agit pas d'un vulgaire amas de pierres comme pourrait le laisser supposer un regard rapide…

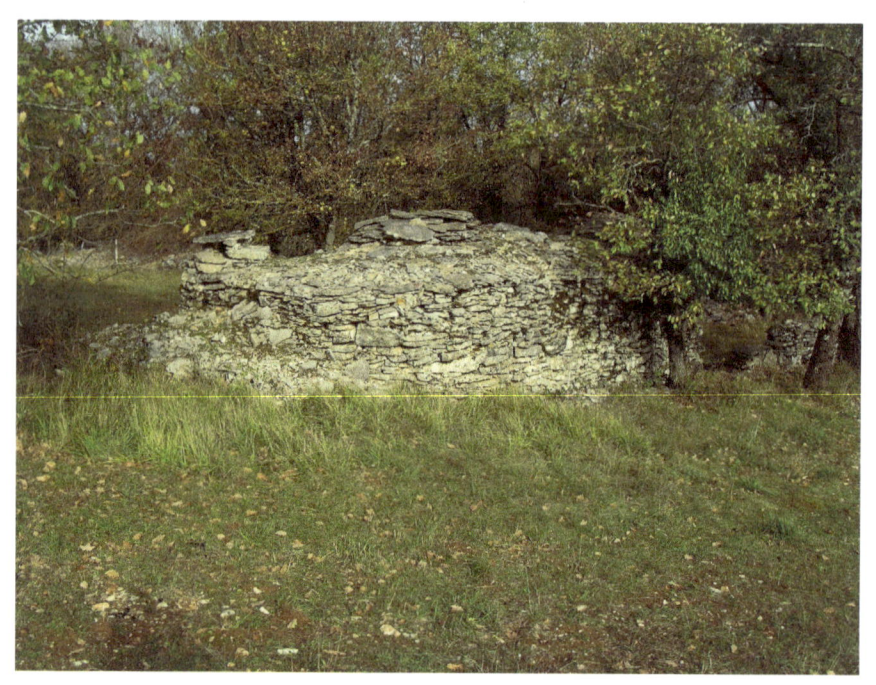

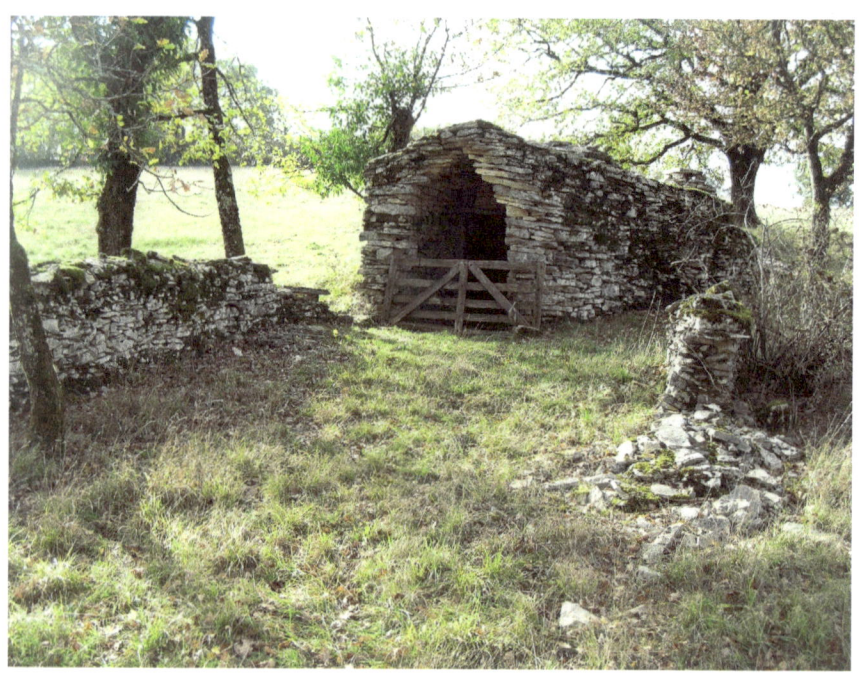

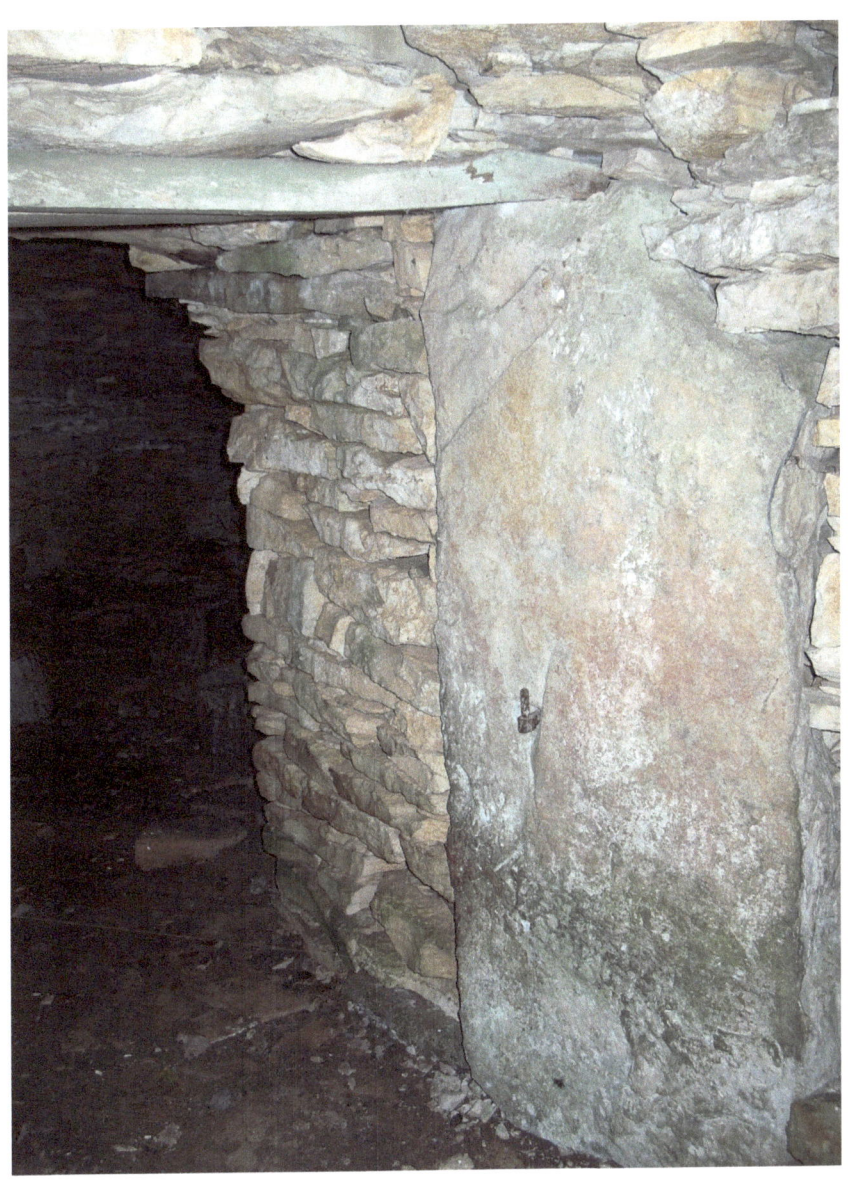

Cette dernière gariotte est proche des habitations. Nous arrivons au lieu-dit « La Becade », avec ses quelques maisons, un pigeonnier.

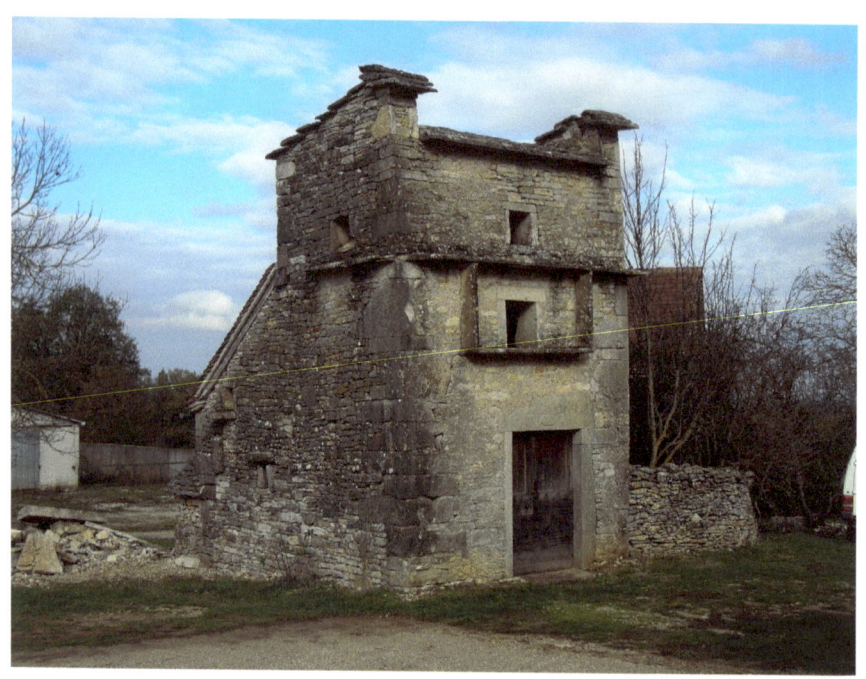

Après La Becade : le Guiralet et son lavoir, qu'on peut comparer avec celui du château de Massa. Un lavoir pour les riches, un lavoir pour les pauvres ?… Une modeste habitation à restaurer, et ce sera la gariotte à laquelle le plan conseillait de continuer tout droit plutôt que de virer à droite…

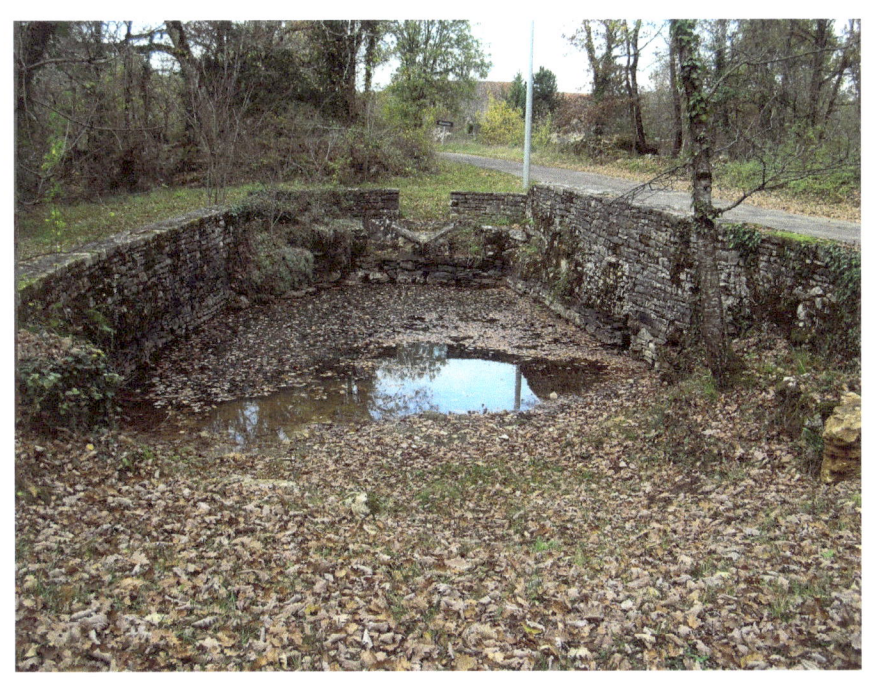

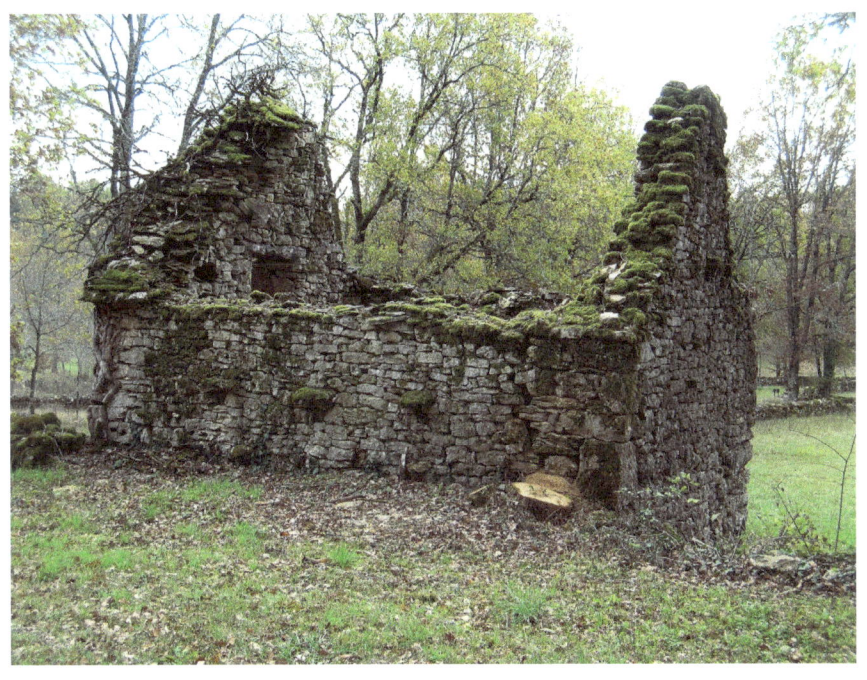

Stéphane Ternoise

À 25 ans, Stéphane Ternoise a quitté le confortable statut de cadre en informatique (qui plus est dans le douillet secteur des assurances), pour se confronter à son époque, essayer de vivre de sa plume en toute indépendance. Il redoutait de finir pantin d'un grand groupe où même les maisons historiques peuvent se retrouver avec Jean-Marie Messier ou Arnaud Lagardère comme grand patron.
Stéphane Ternoise est auteur-éditeur depuis 1991, devenu spécialiste de l'auto-édition professionnelle en France. Il créa « logiquement » http://www.auto-edition.com en l'an 2000, une activité alors quasi absente du web !
Son éclairage sur l'univers de l'édition française a rapidement suscité quelques difficultés, dont une assignation au Tribunal de Grande Instance de Paris, en juin 2007, par une société pratiquant le compte d'auteur, finalement déboutée en septembre 2009.

Dans un relatif anonymat, avant la Révolution Numérique, l'auteur lotois a néanmoins réussi à publier 14 livres en papier, à continuer en vivant de peu. Depuis 2005, ses livres étaient également en vente, marginale, en version numérique. Il s'agissait d'abord de simples PDF.
L'auteur-éditeur a consacré l'année 2011 à la réalisation de son catalogue numérique, publiant ainsi ses pièces de théâtre, sketchs et textes de chansons en plus des romans, essais et recueils adaptés aux formats epub et Mobipocket Kindle...

La multiplication des questions et l'information approximative balancée sur de nombreux blogs par de néo-spécialistes de l'auto-édition autopublication, l'ont décidé à écrire sur cette révolution de l'ebook. Le guide l'auto-édition numérique est ainsi devenu son web best-seller !

Depuis octobre 2013, et son « identifiant fiscal aux États-Unis », son catalogue papier tend à rattraper celui en pixels.

Il convient donc de nouveau d'aborder l'auteur sous le biais de l'œuvre. Ainsi, pour vous y retrouver, http://www.ecrivain.pro essaye de fournir une vue globale. Et chaque domaine bénéficie de sites au nom approprié :

http://www.romancier.org
http://www.parolier.org

http://www.essayiste.net

http://www.dramaturge.fr

http://www.lotois.fr

Vous pouvez légitimement vous demander pourquoi un auteur avec un tel catalogue ne bénéficie d'aucune visibilité dans les médias traditionnels. L'écriture est une chose, se faire des amis utiles une autre !

Mentions légales

Tous droits de traduction, de reproduction, d'utilisation, d'interprétation et d'adaptation réservés pour tous pays, pour toutes planètes, pour tous univers.

Tout écrivain sait qu'il doit aussi aider les internautes à le découvrir !
http://www.ecrivain.pro

Dépôt légal à la publication au format ebook du 14 décembre 2011.

ISBN 978-2-36541-625-2
EAN 9782365416252

Imprimé par CreateSpace, An Amazon.com Company pour le compte de l'auteur-éditeur indépendant.
livrepapier.com

Beauregard, Dolmens Gariottes Château de Marsa et autres merveilles lotoises, Village du Quercy, Causse de Limogne, Sud du Lot de Stéphane Ternoise
© Jean-Luc PETIT - BP 17 - 46800 Montcuq - FRANCE

www.ingramcontent.com/pod-product-compliance
Lightning Source LLC
Chambersburg PA
CBHW040247220526
45473CB00001B/395